MW01482251

architecture and spirit   arquitectura y espíritu

© Editorial Gustavo Gili, SA, Barcelona, 1998

Impreso en España

ISBN: 3-927258-79-2
Depósito legal: B. 21.712-1998

When referring to the essence of the materials he works with Tadao Ando often speaks of their spirituality, which he attempts to reveal when using them in his architecture. Such spirituality would reside in the ambiguous interdependency Ando establishes between simple geometric forms and the rarified, yet precise, materials used for these. Architecture as the creator of new landscapes; buildings as a setting for the transcience of nature: the light of day and of the seasons, wind and water, and space itself as an entity which separates man from, and connects him to, nature and to himself are three of the ideas the work of the Japanese architect explores. Conceived as a perceptible quality of the sum total of spaces, forms, volumes and materials, spirituality is reflected in much of this planner's work: from modest houses to secluded temples, from the temple of art to temples for man. An unusual dwelling, a museum giving rise to a new landscape, plus the other works Ando has constructed throug-hout his career to aid in the meditation of a wide range of religious beliefs go to form this first number of GG Section.

Con frecuencia Tadao Ando habla de la espiritualidad de los materiales con los que trabaja para referirse a la esencia de los mismos, la que intenta liberar al emplearlos en su arquitectura. La espiritualidad residiría en la ambigua relación de dependencia que Ando establece entre las formas geométricas sencillas y los materiales escasos, pero exactos, para esas formas. La arquitectura como creadora de nuevos paisajes, los edificios como escenario para el paso de la naturaleza, la luz de los días y de las estaciones, el viento o el agua, y el espacio como lugar que separa y conecta al hombre con la naturaleza y consigo mismo son tres de las nociones que investiga la obra del arquitecto japonés. Entendida como una calidad percibible de la suma de espacios, formas, volúmenes y materiales, la espiritualidad se refleja en gran parte de la obra del proyectista: de las viviendas recogidas al recogimiento de los templos, de los templos del arte a los templos para el hombre. Una vivienda peculiar, un museo del que nace un nuevo paisaje y las obras que Ando ha construido a lo largo de su carrera para servir a la meditación de los más variados credos conforman este primer número de GG Section.

Typology **Tipología**
Temple
Templo
Location **Localización**
Tsuna-gun, Hyogo. Japan
Area **Superficie**
417 m²
Date **Fecha**
1991

Water **Temple**

On Tsuna-gun, an island in the Sea of Japan, there rises on a hill from whence the Bay of Osaka can be made out, Hompukuji, a temple belonging to the Buddhist sect, Shingon. Tadao Ando was asked to provide the center with a new Mizumido, the main hall in which the most important liturgical rites are performed. Instead of resorting to the heavy and massive roof traditionally used in this kind of temple, the architect resolved the roof of his building by utilizing the lotus plant as a symbol. Ando wanted to construct a space reached by crossing a pond filled with lotuses. He decided that visitors to the temple would get there it while contemplating the open views of the bay and, descending to the interior, by becoming submerged amidst the vegetation and the water.

The surface of the pool, 40 meters long and 30 wide, is open in order to provide access, via stairs, to the enclave where the ample square hall of the Mizumido is found. In compositional terms, the new hall is a square room contained within another, circular one. Four meter-high pillars, distributed according to the Japanese measurement of one ken (1.8 m), support the roof of the temple pool.

A path of white sand leads to the top of the hill, where the visitor is confronted by a blank wall. The horizon of the bay spreads out beyond the wall and the view extends far out to sea. From the hilltop the ocean merges with the sky, the white sand, the plain walls and the lotus-filled pool. A stairway goes down between the plants and the water, descending to the heart of the reservoir, where the vermilion temple stands. The inside of the chapel gleams in the warmth of the red tones, blurred by the shadows of the pillars that Ando causes to play over the ground.

Templo del **Agua**

En Tsuna-gun, una isla en el mar de Japón, se levanta sobre una colina, desde la que se divisa la bahía de Osaka, Hompukuji, un templo perteneciente a la secta budista Shingon.

Tadao Ando fue llamado para dotar al centro de un nuevo Mizumido, la estancia principal en la que se celebran los principales actos litúrgicos. En lugar de recurrir a la cubierta tradicional, pesada y maciza, empleada en la construcción de este tipo de templos, el arquitecto resolvió la cubierta de su edificio utilizando la planta del loto como símbolo. Ando quiso construir un espacio accesible a través de un estanque reple-

to de plantas de loto. Decidió que los visitantes del templo accederían a él contemplando la vista abierta de la bahía y descendiendo hacia el interior del estanque, sumergiéndose entre la vegetación y el agua.

La planta del estanque, de 40 metros de largo por 30 de ancho, se abre para procurar el acceso, a través de unas escaleras, al recinto donde se encuentra la amplia sala cuadrada del Mizumido. Compositivamente, la nueva estancia es una habitación cuadrada contenida en otra circular. Pilares de cuatro metros de altura distribuidos de acuerdo con la medida japonesa

de un ken (1,8 m) sostienen la cubierta del estanque del templo.

Un sendero de arena blanca conduce a la cima de la colina donde, el visitante, se enfrenta a un muro ciego. Más allá de éste se abre el horizonte de la bahía y la vista se pierde en el mar. Sobre la colina, el océano se funde con el cielo, la arena blanca, los muros claros y el estanque repleto de plantas de loto. Una escalera penetra entre las plantas y el agua para descender hasta el centro de la alberca donde se encuentra el templo vermellón. El interior de la capilla brilla al calor de los tonos rojos desdibujados por las sombras de los pilares que Ando hace jugar sobre el suelo.

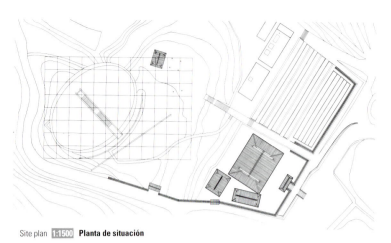

Site plan `1:1500` **Planta de situación**

The inside of the temple is reached
via the water. A lotus pond forms
the roof of the building.

**A través del agua se accede al
interior del templo. Un
estanque de plantas de loto
compone la cubierta del
edificio.**

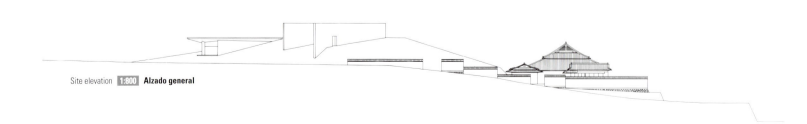

Site elevation `1:800` **Alzado general**

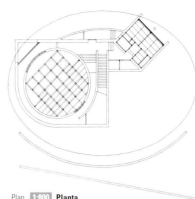

Plan 1:800 Planta

An open stairway bisecting the pond provides access to the temple.

Una escalera abierta sobre el estanque procura el acceso al templo.

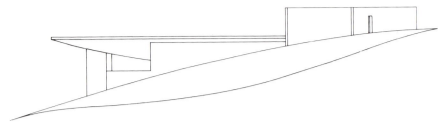

Elevation 1:400 **Alzado**

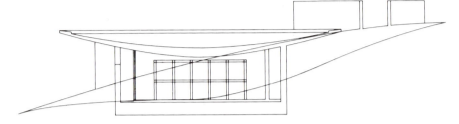

Section 1:400 **Sección**

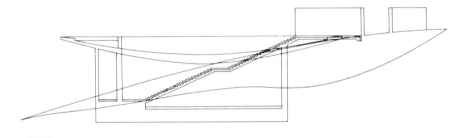

Section 1:400 **Sección**

At the top of the hill a wall encloses part of the building perimeter and invites the visitor in. Only after traversing it do the pool, the horizon of the bay and wide sea views appear.

En la cima de la colina, un muro rodea parte del perímetro del edificio y acoge al visitante. Sólo después de sortearlo aparece el estanque, el horizonte de la bahía y la vista que se pierde en el mar.

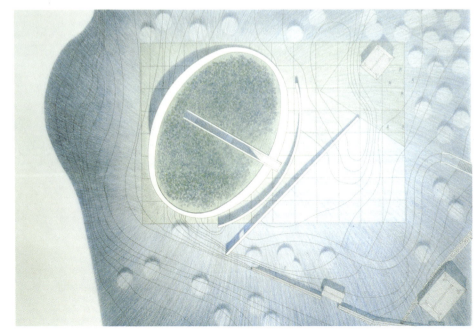

The warm interior of the sanctuary contrasts with the exterior. Here the reddish tones, the shadows of the pillars and the tatami modules blend together on the ground.

El cálido interior del santuario contrasta con la imagen exterior. Aquí los tonos rojizos, las sombras de los pilares y los módulos de tatami se confunden en el suelo.

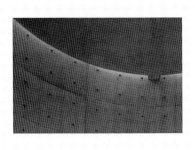

Typology **Tipología**
Temple
Templo
Location **Localización**
Paris, France.
Area **Superficie**
33 m²
Date **Fecha**
1995

Meditation Space, **Unesco**

Unesco, an arm of the United Nations, was founded just after the Second World War, in 1946, with the purpose of contributing to the permanency of peace through the promotion of culture, education and science. In 1995, and in order to commemorate the 50th anniversary of its founding, the Director General of Unesco, Federico Mayor, commissioned Tadao to construct a meditation space next to the organization's central headquarters in Paris. The building was to be serene and open, forming a small ecumenical center where, transcending ethnic, cultural and religious differences, one might pray for world peace.

On a plot of some 350 meters, Ando erected a single-story edifice of reinforced concrete. The building, which occupies a surface area of some 33 m², is 6.5 meters high. The bareness of the materials lends it an air of serenity, while the gracefulness obtained by the height chosen for it contributes to the center's solemnity. Both the floor of the center and a small pool which forms part of the design were paved with granite from Hiroshima. The council of that city donated blocks of the stone belonging to buildings destroyed by the radiation of the atom bomb dropped on the Japanese city.

In calling on such a plain and simple design the architect's intention was to construct a space devoid of allusions or a past, in which people might feel united by their common humanity to all the cultures that, despite being invisible, were nevertheless present.

Pabellón para la meditación de la **Unesco**

Al finalizar la II Guerra Mundial, en 1946, se fundó la Unesco (United Nations Educational, Scientific & Cultural Organization) con el propósito de contribuir a la permanencia de la paz a partir de la promoción de la cultura, la educación y la ciencia. Para conmemorar el 50 aniversario de su fundación, en 1995, el director General de la Unesco, Federico Mayor, le encargó a Tadao Ando la construcción de un pabellón de meditación, junto a la sede central de esta organización en París. El edificio debía aparecer sereno y abierto, constituyendo un pequeño centro ecuménico en el que, por encima de las diferencias étnicas, culturales o religiosas, se pudiese rezar por la paz mundial

Sobre un emplazamiento de 350 m², Ando levantó un edificio de una sola planta con estructura de hormigón armado. El edificio, que ocupa una superficie de apenas 33 m², tiene una altura de 6,5 metros. La desnudez de los materiales le otorga serenidad, mientras que la esbeltez conseguida con la altura elegida contribuye a la solemnidad del centro. Tanto el suelo del centro como un pequeño estanque que forma parte del proyecto fueron pavimentados con granito procedente de Hiroshima. El ayuntamiento de dicha ciudad donó piezas del mineral pertenecientes a edificios que fueron destruidos por la radiación de la bomba atómica que fue lanzada sobre la ciudad japonesa.

La intención del arquitecto, en tan escueto y sencillo proyecto, consistió en levantar un espacio vacío de pasado y referencias en el que la gente pudiera sentirse unida por atributos comunes a todas las culturas y percibibles a pesar de su invisibilidad.

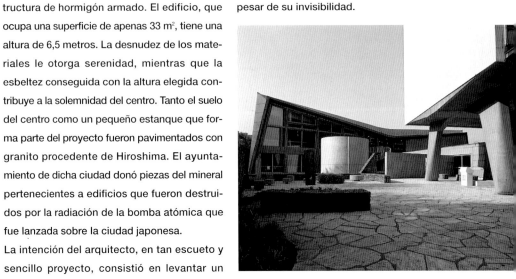

View of the pavilion roof and the overhead skylights from inside the building.

Vista de la cubierta del pabellón y los lucernarios desde el interior del edificio.

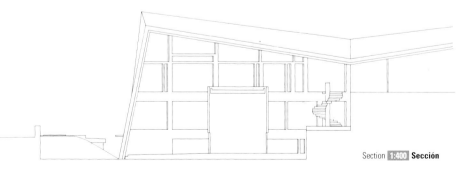

Section 1:400 Sección

The perimetral skylights dotted around the pavilion roof create a play of light and shadow on the building's granite surface.

Los lucernarios perimetrales aplicados en torno a la cubierta del pabellón dibujan un juego de luces y sombras sobre la superficie de granito del pabellón.

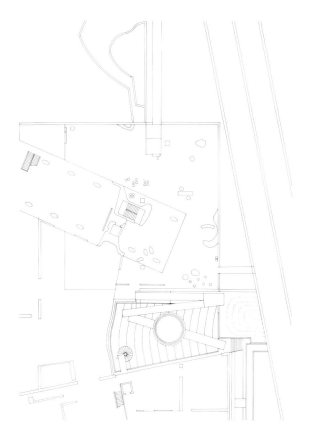

Site Plan 1:1200 **Plano de situación**

The interior floor and a small pool, which forms part of the project, were paved with granite from buildings destroyed during the Second World War in Hiroshima.

El suelo interior y un pequeño estanque que forma parte del proyecto, fueron pavimentados con granito procedente de los edificios destruidos en Hiroshima durante la II Guerra Mundial.

Typology **Tipología**
Temple
Templo
Location **Localización**
Kobe, Hyogo. Japan
Area **Superficie**
304 m²
Date **Fecha**
1993

Church in **Tarumi**

This small chapel, positioned on the side of a hill covered by a dense cluster of houses, functions as both church and vicarage. To draw attention to the presence of the temple a large zelkova tree was planted in front of it. From the street a narrow ramp affords access to the chapel. The tree also protects the facade of the building from the visual noise filling the neighborhood.

Ando decided to resolve the dual program by constructing two simple volumes. A triangular, two-story volume served to accommodate the minister's house, while the rectangular, double-height one contains the chapel. Inside the temple the bearings between the lateral walls and the wall which protects the altar do not appear to be completely resolved, as if the walls alone were rebated. It is via these rebates that the large cross which defines the space is illuminated. Between both volumes, the chapel and the house, there is a central patio conceived as a space for meditation, along the lines of a medieval cloister.

Iglesia en **Tarumi**

Esta pequeña capilla, ubicada en la ladera de una colina poblada por un conjunto muy denso de viviendas, cumple una doble función como iglesia y como casa del párroco. Un gran árbol zelkova fue plantado frente a ella para anunciar, a modo de reclamo, la ubicación del templo. Desde la calle, una estrecha rampa permite el acceso hasta la capilla. El árbol protege, además, la fachada del edificio del ruido visual de su entorno.

Ando decidió resolver el doble programa construyendo dos sencillos volúmenes . El triangular, con dos plantas, sirvió para acoger la casa del pastor, mientras que el rectangular, de doble altura, contiene en su interior la capilla.

En el interior del templo, las entregas entre las paredes laterales y la que protege el altar parecen no realizarse del todo, como si los muros sólo se rozasen. Por esas ranuras es por donde se ilumina la gran cruz que ordena el espacio. Entre ambos volúmenes, la capilla y la vivienda, media un patio central entendido como espacio para la reflexión, a la manera de los claustros medievales.

First floor plan `1:400` **Planta baja**

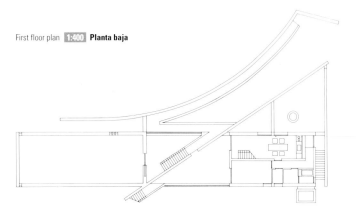

First floor plan `1:400` **Planta baja**

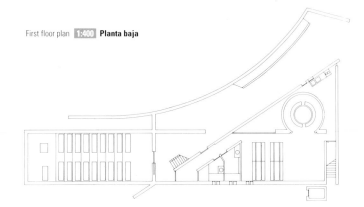

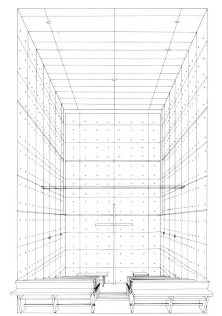

The bearings between the lateral walls and the one protecting the altar break off, permitting the illumination of the space.

Las entregas entre las paredes laterales y la que protege el altar se interrumpen permitiendo la iluminación del espacio.

Erected on a densely populated hillside, the chapel is reached from the street via a narrow ramp.

Levantada en la ladera de una colina muy densamente poblada, se accede a la capilla desde la calle a través de una estrecha rampa.

Typology **Tipología**
Temple
Templo
Location **Localización**
Yufutsu-gun, Hokkaido. Japan
Area **Superficie**
520 m²
Date **Fecha**
1988

Church on the **Water**

This chapel, encircled by an horizon of dense woodland, was erected on a plateau in the Hokkaido mountains, the northernmost and coldest area of Japan. Swathed in vegetation, the church and its surroundings totally change color with the passing of the seasons. The green of spring gives way to a blinding white which covers both chapel and woods during the winter months.

Built on the banks of an artificial lake created by diverting the course of a nearby stream, the chapel is made up of two intersecting cubic volumes. An L-shaped, free-standing wall takes in the building's rear facade, in which the center's main entrance is located, and part of the lake, forcing the wall to make a detour in order to reach the enclave. In that section of the path which goes along the wall, the gurgling of a fountain accompanies the visitor's footsteps. The water is heard, but cannot be seen. The placid image of the wide lake appears when the wall is finally breached.

Ascending to the entrance hall, a completely transparent space, a light box formed by one of the cubes which form the temple, the visitor arrives at the chapel where there is another view of the lake, plus that of a huge cross visible through the transparent wall that encloses the altar, which appears to surge up from the water. Once again the relationship to nature, the union of sea, sky and air, woodland sounds, water and animals, combine to create the kind of intangible architectural atmosphere which Ando takes be synonymous with the religious building as a haven for the human spirit.

Iglesia en el **Agua**

Sobre un llano de las montañas de Hokkaido, la zona más septentrional y fría de Japón, se levantó esta capilla rodeada por un horizonte de bosques densos. Envuelta de vegetación, la iglesia y el entorno mudan totalmente de color con el cambio de estación. El verde primaveral deja paso a un blanco cegador que cubre los bosques y la capilla durante los meses de invierno. La capilla, levantada a la orilla de un lago artificial obtenido al desviar el curso de un riachuelo vecino, está formada por dos volúmenes cúbicos interseccionados. Un muro aislado en forma de L recoge la fachada posterior del edificio, en la que se encuentra la entrada principal al centro y parte del lago, forzando el rodeo del muro para acceder al recinto. Durante el trayecto por la ruta que rodea el muro, el murmullo de una fuente acompaña los pasos del visitante. Se escucha el agua, pero no se puede ver. Al atravesar finalmente el muro aparece la imagen plácida del amplio lago.

Ascendiendo al vestíbulo, un espacio totalmente transparente, una caja de luz formada por uno de los dos cubos que componen el templo, el visitante llega a la capilla donde, de nuevo, aparece la vista del lago y la de la gran cruz que parece surgir del agua, visible a través del muro transparente que encierra el altar.

De nuevo la relación con la naturaleza, la unión de agua, mar, cielo y aire, los sonidos del bosque, el agua y los animales contribuyen a crear un clima de arquitecturas intangibles a través del cual Ando entiende las construcciones religiosas como los cobijos del espíritu del hombre.

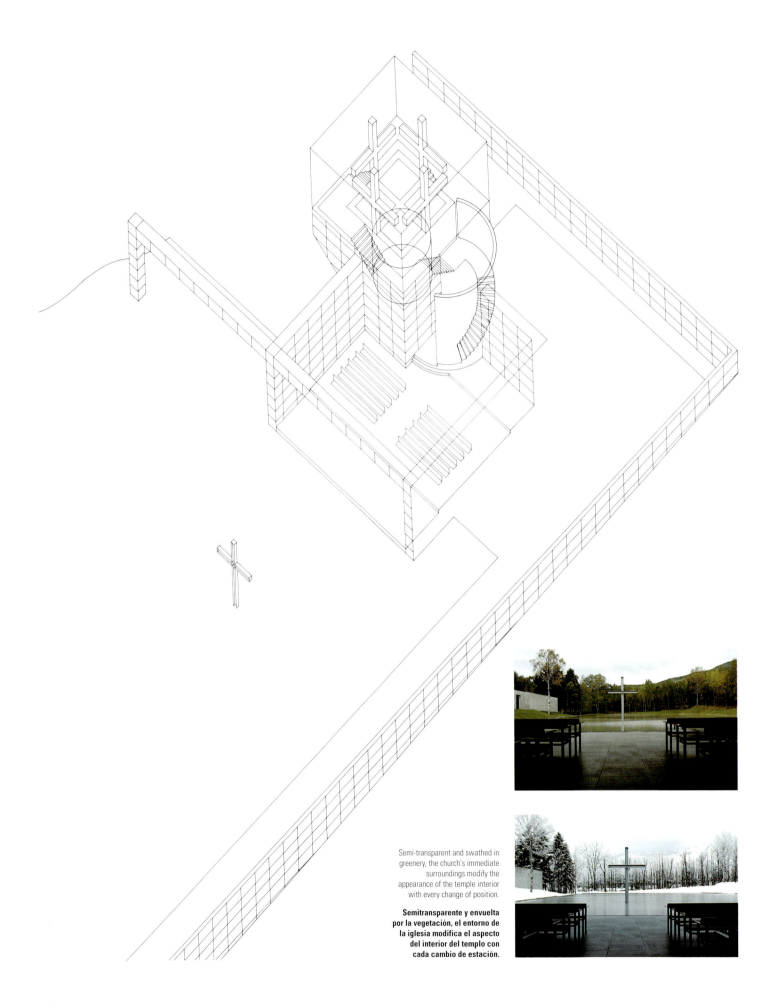

Semi-transparent and swathed in greenery, the church's immediate surroundings modify the appearance of the temple interior with every change of position.

Semitransparente y envuelta por la vegetación, el entorno de la iglesia modifica el aspecto del interior del templo con cada cambio de estación.

A free-standing, L-shaped wall
links up with the building's rear
facade, through which the inner
enclave is reached.

**Un muro aislado en forma de L
recoge la fachada posterior del
edificio por la que se accede
al recinto.**

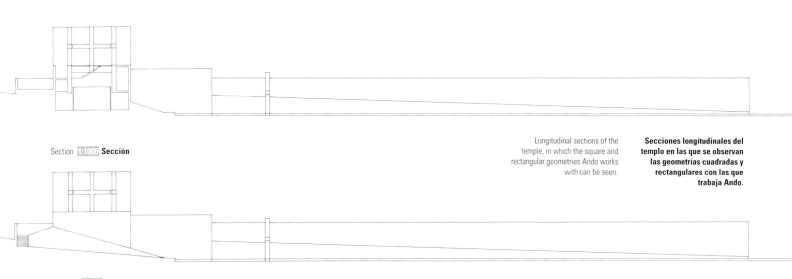

Section 1:1000 **Sección**

Elevation 1:1000 **Alzado**

Longitudinal sections of the
temple, in which the square and
rectangular geometries Ando works
with can be seen.

**Secciones longitudinales del
templo en las que se observan
las geometrías cuadradas y
rectangulares con las que
trabaja Ando.**

The church unfolds above an
artificial lake, from which the cross
that marks the altar surges.

**La iglesia se abre sobre un lago
artificial del que surge la cruz
que define la posición del altar.**

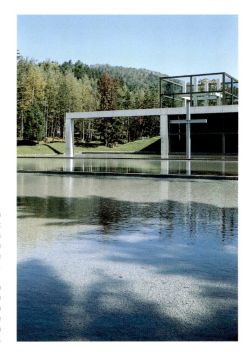

The temple entrance is a completely transparent light-box which crowns the church. Once this access area is crossed a translucent zone leads to the temple interior.

El vestíbulo del templo es una caja de luz completamente transparente que corona la iglesia. Traspasado este acceso, una zona traslúcida conduce al interior del templo.

Typology **Tipología**
Temple
Templo
Location **Localización**
Nada, Kobe. Japan
Area **Superficie**
220 m²
Date **Fecha**
1986

Chapel on **Mount Rokko**

Erected on the side of Mount Rokko, amid lush vegetation, this small church is made up of the chapel, a bell-tower, a covered colonnade and an independent wall which articulates the landscape. The colonnade forms a translucent gallery which conducts visitors to the garden towards the interior of the temple, from nature to sacred space, and opens up at the end farthest away from the enclave to frame a spectacular view of the nearby woods and the horizon far out to sea. The semi-transparent walls of the gallery soften and give uniformity to the light penetrating that space of passage, thus accentuating the suspense of a transitory setting.

The idea of transitoriness determined the contrast between the semi-transparent elements, the shadow and the light. So as to differentiate the moment of passage and approach which the entrance gallery convokes, the lighting inside the chapel is emphatically directional. A pillar and beam form an inverted cross which divides one of the large windows, interrupting the entrance of light and defining, on the temple floor, the elongated shadow of a cross. Finished in concrete, stone, stainless steel, and clear and translucent glass, the chapel space is monochrome. The very absence of color underlines the crucial role of the light, and the transparent elements mean that it is the tones of nature, contemplatable from within the enclave, which lend color to the temple, blanketing it, and extending the invisible boundaries of the same.

Capilla en el **monte Rokko**

Levantada en medio de la vegetación, sobre una pendiente del monte Rokko, esta pequeña iglesia está formada por la capilla, un campanario, una columnata cubierta y un muro independiente que articula el paisaje. La columnata forma una galería traslúcida que conduce a los visitantes desde el jardín hasta el interior del templo, de la naturaleza al espacio sagrado. Esta se abre en su extremo más alejado del recinto para enmarcar una vista espectacular del bosque cercano y del horizonte marino lejano. Los muros semitransparentes de la galería suavizan y uniformizan la luz que penetra ese espacio de paso, acentuando el suspense de un ambiente transitorio.

La idea de la transitoriedad decidió el contraste entre las semitransparencias, la sombra y la luz. Para diferenciar el momento de paso y acercamiento que recoge la galería de acceso, la iluminación en el interior de la capilla es marcadamente direccional. Un pilar y una viga forman una cruz invertida que divide uno de los ventanales, interrumpiendo la entrada de la luz y recortando en el suelo del templo la sombra extendida de una cruz. Acabado en hormigón, piedra, acero inoxidable y cristal transparente y traslúcido, el espacio de la capilla es monocromático.

La falta de color propio subraya el protagonismo de la luz, y las transparencias permiten que sean los tonos de la naturaleza, contemplable desde el interior del recinto, los que coloreen el templo, abrigando y extendiendo las fronteras invisibles del mismo.

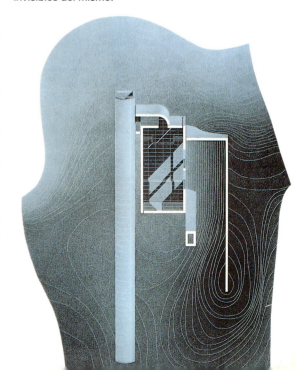

General plan **1:400** **Planta general**

Built on Mount Rokko, and enveloped in greenery, Ando opted for delaying access to the temple in order to emphasize, in a non-monumental way, acceding to a sacred site.

Levantado sobre el monte Rokko, y rodeado de vegetacion, Ando decidió retrasar la entrada al templo para subrayar, sin monumentalidad, el acceso a un lugar sagrado.

The colonnade forms a translucent gallery, drawing visitors towards the interior of the temple.

La columnata forma una galería traslúcida que conduce a los visitantes hasta el interior del templo.

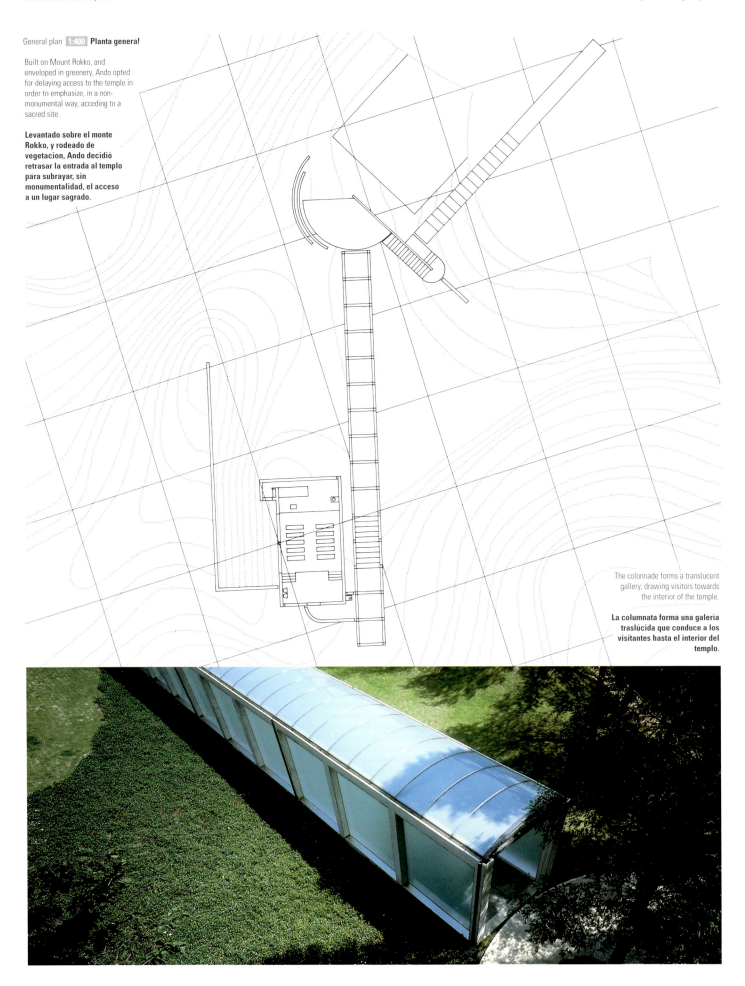

The semi-transparent walls of the
gallery soften and lend uniformity
to the light illuminating this
transitional zone between nature
and sacred space.

**Los muros semitransparentes
de la galería suavizan y
uniformizan la luz que ilumina
esta zona transitoria de paso
entre la naturaleza y el espacio
sagrado.**

The entrance gallery postpones
access to the temple and gently
filters the changing light as it
progresses towards the interior.

**La galería de acceso retrasa la
entrada al templo y tamiza
lentamente el cambio de luz
hasta llegar al interior.**

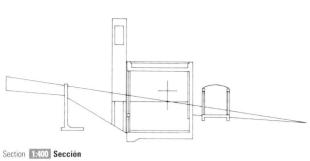

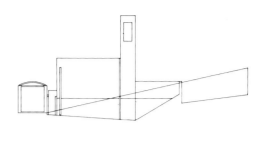

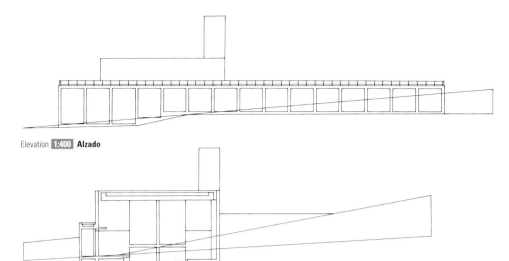

Elevation `1:400` **Alzado**

View from inside the temple of the entrance area, indicated by a curve in the concrete wall.

Vista de la zona de acceso, indicada por una curvatura del muro de hormigón, desde el interior del templo.

Section `1:400` **Sección**

A pillar and beam form an inverted cross which bisects the large window of the temple, interrupting the entrance of light and projecting the elongated shadow of the cross on the floor.

Un pilar y una viga forman una cruz invertida que divide el gran ventanal del templo interrumpiendo la entrada de luz y proyectando , en el suelo, la sombra alargada de la cruz.

The monochrome temple interior underlines the role light plays.

La monocromía del interior del templo subraya el protagonismo de la luz.

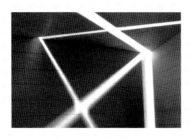

Typology **Tipología**
Temple (Project)
Templo (Proyecto)
Location **Localización**
Rome. Italy
Area **Superficie**
1.554m²
Date **Fecha**
1996

Vicariate of **Rome**

Together with other architects of world renown, Tadao Ando was invited to take part in the competition for the construction of the Vicariate of Rome, the church the Italian capital will inaugurate in the year 2000 to celebrate the millennium. Consisting of a church, a parish center and a diocese for the clergy, the project was to be erected in the outskirts of the city, on a plot of flat land next to an area of tall residential buildings and surrounded by a road, a large garden and a parking lot.

Ando's design paraphrased some of the solutions he has used in other religious projects, such as the utilization of a colonnade to emphasize and delay access to the temple, the cross cut out in the wall which shelters the altar, the play of interior shadow and a meditation garden in which architectural abstraction, water and nature combine to form a silent and tranquil whole. Working with tried and tested elements and materials, Ando nevertheless arrived at a distinctive combination.

The Roman project subsumed the church in an isosceles triangle whose half-open apex pointed to the east and permitted light to enter. This natural illumination was reinforced by another opening in the roof of the triangle, once again in the form of a cross. Inside, the floor of the church was inclined centripetally towards the vertex through which light entered and in which the cross marking the altar was situated.

Exterior access was laid out by means of a bare wall, by which one came to a path going down to the colonnade surrounded by a pool. The space between this row of columns and the water offered a place for meditation not unlike an ancient cloister. The priests' residences and meeting rooms are situated around the gallery of this arcade.

Vicaría de **Roma**

Tadao Ando fue invitado, junto a otros arquitectos de renombre mundial, al concurso para la construcción de la vicaría de Roma, la iglesia que la capital italiana inaugurará en el año 2000 para celebrar el milenio. El proyecto, consistente en una iglesia, un centro parroquial y una diócesis para los clérigos, debía levantarse a las afueras de la ciudad sobre un terreno llano, junto a una zona de edificios residenciales de gran altura y rodeado por una carretera, un amplio jardín y un área de aparcamiento.

El diseño de Ando resumía alguna de sus propias soluciones, empleadas en otros proyectos religiosos, como el uso de una columnata para enfatizar y postergar el acceso al templo, la cruz recortada en el muro que recoge el altar, el juego de sombras interiores y un jardín de meditación donde la abstracción arquitectónica, el agua y la naturaleza formaban una combinación silenciosa y tranquila. Trabajando con elementos y materiales conocidos y ensayados, Ando consiguió, una vez más, una combinación distinta.

El proyecto romano recogía la iglesia en un triángulo isósceles, cuyo vértice entreabierto apuntaba al este y dejaba pasar la luz. La iluminación natural se reforzaba con otra abertura en el techo del triángulo en forma de cruz. En el interior, la planta de la iglesia se inclinó centrípetamente hacia el vértice por el que entraba la luz, en el que se situó la cruz que marcaba el altar.

El acceso desde el exterior estaba previsto a través de un muro desnudo, por el que se llegaba a un sendero que descendía hasta la columnata rodeada por un estanque. El espacio entre la galería de columnas y el agua ofrecía un lugar de meditación similar a los antiguos claustros. Las residencias de los clérigos y las estancias para los encuentros se situaron rodeando la galería de columnas.

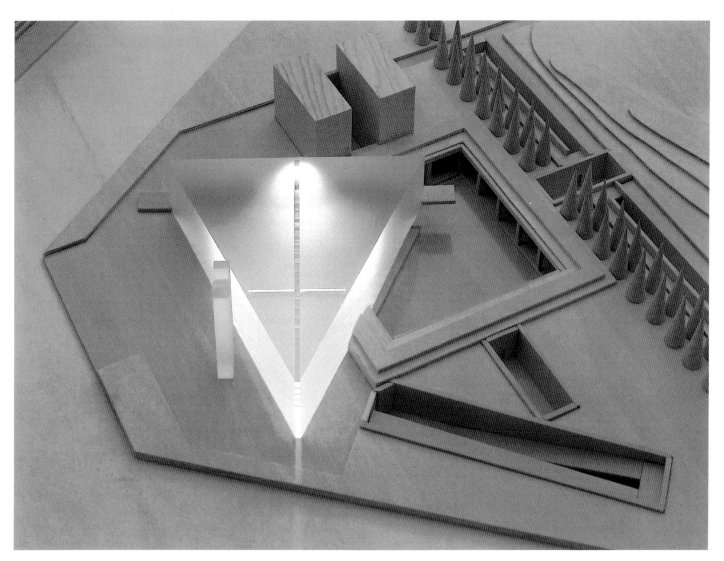

The design for a church in Rome paraphrased some of the solutions employed by the architect in other projects, such as the use of a colonnade to delay access to the temple, the cross cut out in the wall, the play of interior shadow and the emphatic relationship to nature.

El proyecto para una iglesia en Roma resumía algunas de las soluciones empleadas por el arquitecto en otros proyectos, como el uso de una columnata para postergar el acceso al templo, la cruz recortada en el muro, el juego de sombras interiores y la relación directa con la naturaleza.

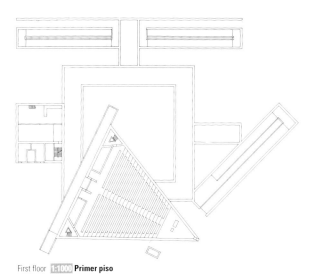

First floor 1:1000 **Primer piso**

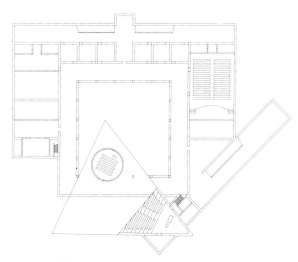

Ground floor 1:1000 **Planta baja**

The apex of the isosceles triangle
where it was intended to build the
church pointed towards the east
and allowed light to enter.

**El vértice del triángulo
isosceles donde se pretendía
construir la iglesia apuntaba al
este y dejaba pasar la luz.**

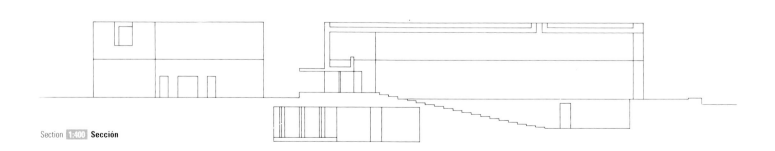

Section `1:400` **Sección**

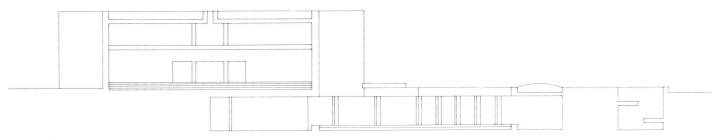

Section 1:400 **Sección**

In this project the play of light and shadow, habitual in Ando's temples, attained its greatest sophistication thanks to having the rays coming from the window beside the altar intersect with those filtering in through the cross cut out in the roof.

El juego de luces y sombras, habitual en el interior de los templos de Ando, alcanzaba en este proyecto su máxima sofisticación al cruzarse los rayos provenientes de la abertura junto al altar con los que se filtraban a través de la cruz recortada en la cubierta del templo.

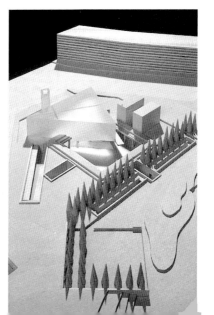

Typology **Tipología**
Temple
Templo
Location **Localización**
Ibaraki, Osaka. Japan
Area **Superficie**
113 m²
Date **Fecha**
1989

Church of **Light**

Located in a residential suburb of Osaka, the church is formed by slicing a rectangular volume in two, with a free-standing wall separating the entrance hall from the chapel proper. The form of a cross is cut out in the wall housing the altar. Light filters through this opening, illuminating the obscure chapel. Light is in fact the only natural element to penetrate into the building, playing over and outlining the compositional and material elements which make up the church. Because light shines all the more intensely when confronted by darkness, Tadao Ando limited the openings of the edifice, almost completely eliminating contact with the outside. The presence of light as the sole natural element affirms the abstractness of the architecture itself. The linear compositions the shadows form on the floor and the ever-mobile presence of the cross of shadow enliven an abstract space.

The austere character of the enclave and the low budget for the project determined the choice of materials used: the concrete panels the architect frequently utilizes. Ando habitually employs natural materials like wood, stone and concrete itself in the area of the building subject to direct contact with the hands or feet of its users. The architect considers that it is through the senses that one experiences architecture.

Templo de la **Luz**

Ubicada en un suburbio residencial de Osaka, la iglesia se construyó a partir de seccionar en dos un volumen rectangular con un muro independiente, separando así el vestíbulo de la propia capilla. El vacío de una cruz se recorta en la pared que recoge el altar. Por esa abertura se filtra la luz que ilumina el oscuro templo. La luz es, en realidad, el único elemento natural que penetra el edificio, jugando y redibujando todos los elementos compositivos y materiales que forman la iglesia. Tadao Ando limitó las aberturas del inmueble porque la luz brilla más intensamente al ser enfrentada a la oscuridad, eliminando casi por completo el contacto con el exterior.

La presencia de la luz como único elemento de la naturaleza insiste en la abstracción de la propia arquitectura. Las composiciones lineales que las sombras forman en el suelo y la presencia nómada de una cruz de sombra vivifican un espacio abstracto.

El carácter austero del recinto y el bajo presupuesto del proyecto determinaron la decisión sobre los materiales a emplear: las piezas de hormigón que el arquitecto utiliza con frecuencia. Ando emplea habitualmente materiales naturales como la madera, la piedra o el propio hormigón en las zonas del edificio sujetas al contacto directo con las manos o los pies de los usuarios. Considera el arquitecto que a través de los sentidos es como se reconoce la arquitectura.

A hypothetical grid decided the volumetric composition of the temple vis-à-vis its setting, in a residential suburb of Osaka.

Una retícula virtual decidió la composición volumétrica del templo en relación con el contexto, en un suburbio residencial de Osaka.

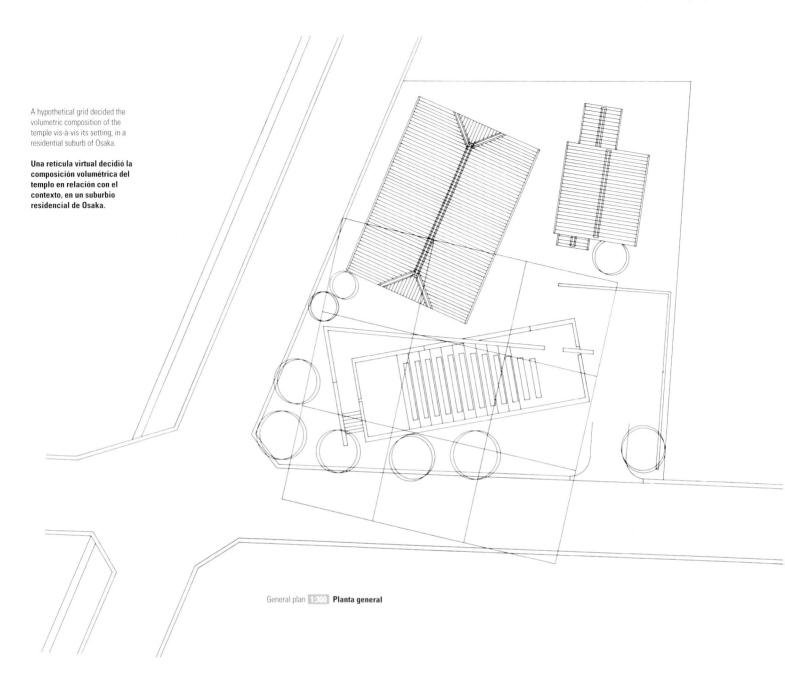

General plan 1:300 **Planta general**

A wall cuts the rectangular floor of the building in two, separating the church from the entrance hall.

Un muro secciona en dos la planta rectangular del edificio separando la iglesia del vestíbulo.

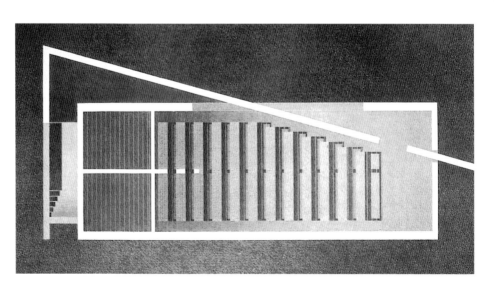

Inside the temple the flooring and pews of wood contrast with the coldness of the concrete

El pavimento de madera y los bancos del mismo material contrastan, en el interior del templo, con la frialdad del hormigón.

The motif of the cross, suspended over one of the facades or redefined as a second cross, constitutes the temple's only ornamentation.

El motivo de la cruz, suspendida sobre una de las fachadas o recortada en otra compone la única ornamentación del templo.

Clustered around the vertical axis
of the cross, and on a slight incline,
are the church pews.

**Centrados en torno al eje de la
cruz, y sobre una pendiente, se
ordenan los bancos del interior
de la iglesia.**

Longitudinal section **1:200** **Sección longitudinal**

The linear compositions which the
shadows and rays of light make in
the church interior lend atmosphere
to the temple.

**Las composiciones lineales
que las sombras y los rayos
de luz proyectan en el interior
de la iglesia vivifican la
atmósfera del templo.**

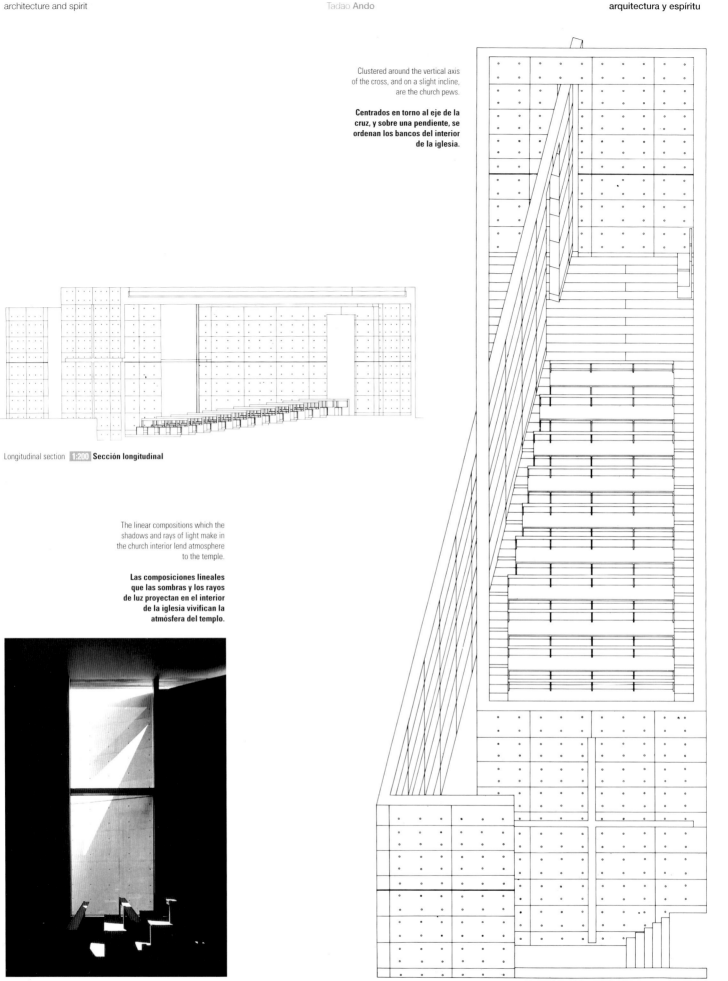

Typology **Tipología**
Urban house unifamily
Vivienda urbana unifamiliar
Location **Localización**
Hirano, Osaka. Japan
Area **Superficie**
92 m²
Date **Fecha**
1996

Town House in **Hirano**

The house was built in a central neighborhood of Osaka, surrounded by the traditional terraced houses, constructed before the Second World War, which still dominate the landscape of the area. Designed for a young couple and their mother, the house is erected between party walls and enclosed by double-height walls which define the boundaries with the adjacent properties. The available 120 m2 were divided into interior and exterior spaces on the premise that both zones would have similar superficies. The living area, dining room and terrace are installed in the upper part of the house, while the bedrooms are located on the ground floor. An individual patio was provided for each bedroom, thus increasing the individual privacy of each of the rooms.

The walled patios of the traditional houses either side are set back, forming a kind of stage set, protected by the house itself, on which a micro-world of images and sensations unfolds. Light and shadow, falling rain, shafts of sunlight, bits of sky, migrating birds, domestic animals and insects move through the patios, marking the changes of season by their presence. Ando decided to plant a spreading zelkova tree to protect the patios of the house from bad weather. Protruding above the walls, the tree communes with the vegetation emerging between the neighboring patios.

An entrance in the house's perimetral wall grants access to the stairs which lead to the upper story where the living areas are found. From the communal space one reaches the different bedrooms and private patios –the individual areas– housed on the ground floor. Contrasting with the ample size of the salon and the overhead light which grants uniformity to the dwelling, the bedrooms have a more discreet illumination, providing a tranquil and secluded atmosphere.

On the plans all the bedrooms and patios appear to connect up, yet despite this they all give onto a different direction, so that each room forms an independent private space with an outlook shielded from the other inhabitants. The individual patios function as actual extensions, or visual extensions during the winter, of the small-sized bedrooms. Furthermore, in order to reinforce the sense of privacy and independence, passing from one bedroom to another is done through the house's open patio.

Communication via the stairs and patio is probably not the most functional way to resolve movement within the house. One might think that it is uncomfortable to live in the house during winter or when it rains, and yet, in accordance with the program contrived by his clients, Tadao Ando sought to create a space for people with different spiritual needs, a house which might offer the independence and quality of life desired by each occupant.

Vivienda en **Hirano**

La casa fue construida en un barrio céntrico de Osaka, rodeada de viviendas tradicionales en hilera que fueron construidas antes de la II Guerra Mundial y todavía definen el paisaje de la zona.

Pensada para una pareja joven y su madre, la vivienda se levantó entre medianeras, rodeada de muros de doble altura que definen los límites con las propiedades colindantes.

Los 120 m² disponibles fueron divididos entre espacios interiores y exteriores, con cuidado de que ambas zonas ocuparan superficies parecidas. La zona de estar, el comedor y la terraza se instalaron en la parte más alta de la vivienda, al tiempo que los dormitorios se recogían en la planta baja. Para cada dormitorio se dispuso un patio individual ampliando, de ese modo, la privacidad individual de cada una de las habitaciones.

Los patios de las casas tradicionales adosadas se recortan, aislados entre sus muros, formando un escenario protegido por la propia vivienda por el que desfila un micromundo de

The traditional terraced houses which surround Ando's building were put up before the Second World War and still dominate the landscape of the area.

Las viviendas tradicionales en hilera, que rodean el edificio de Ando, fueron levantadas antes de la II Guerra Mundial y todavía definen el paisaje de la zona.

imágenes y sensaciones. Luces y sombras, agua de lluvia, rayos de sol, pedazos de cielo, aves pasajeras, animales domésticos e insectos transitan por los patios marcando con su presencia el cambio de estación. Ando decidió plantar un árbol zelkova de gran tamaño para proteger de la intemperie los patios de la vivienda. Por encima de los muros, el árbol dialoga con la vegetación que asoma entre los patios colindantes.

Una entrada en el muro perimetral de la vivienda permite el acceso a las escaleras que conducen a la planta superior, en la que se encuentran las zonas de estar. Desde los espacios comunes se accede a cada una de las

habitaciones y patios privados –las zonas individuales– ubicados en la planta baja. Contrastando con la amplitud del salón y con la luz cenital que uniformiza la estancia, los dormitorios disponen de una iluminación más discreta facilitando una atmósfera tranquila y recogida. Sobre el plano, todas las habitaciones y los patios aparecen conectados, sin embargo, cada uno de ellos se abre en una dirección diferente de manera que cada habitación forma un espacio privado independiente con vistas protegidas del resto de habitantes.

Los patios individuales actúan como extensiones reales, o visuales durante el invierno, de las reducidas habitaciones. Además, para reforzar

la sensación de privacidad e independencia, el paso de una habitación a otra se realiza a través del patio abierto de la vivienda.

La comunicación a través de las escaleras y el patio no es probablemente la más funcional para resolver los desplazamientos en el interior de la vivienda.

Se podría pensar que resulta incómodo habitar la casa durante el invierno o cuando llueve, sin embargo, y de acuerdo con el programa ideado por sus clientes, Tadao Ando quiso crear un espacio para espíritus diferenciados, una vivienda que ofreciera independencia y la calidad de vida deseada por cada uno de sus ocupantes.

Site plan `1:1500` **Planta de situación**

General plan of the narrow streets of this densely populated area, in which the dwelling was erected between party walls designed by Ando.

Plano de situación de la zona, densamente poblada y con calles estrechas, en la que se levanta la vivienda entre medianeras diseñada por Ando.

The open patio around which the house is articulated contrasts with the tiled ridge roofs that lend uniformity to the neighborhood.

El patio abierto, alrededor del cual se articula la vivienda, constrasta con las cubiertas de tejas a dos aguas que uniformizan el vecindario.

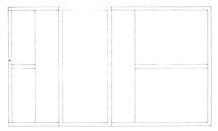

Roof plan `1:250` **Planta del tejado**

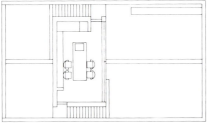

First floor plan `1:250` **Planta del primer piso**

Communication between the different rooms of the house is mostly effected through the open patio, thus stressing the intimacy, territoriality and privacy of each of the inhabitants.

La comunicación entre las diferentes estancias de la vivienda se realiza, fundamentalmente, a traves del patio abierto enfatizando así la intimidad, el territorio y la privacidad de cada uno de los habitantes.

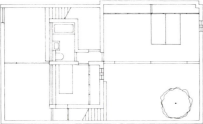

Ground floor plan `1:250` **Planta baja**

In the split-level area, the house's central patio serves as a light-well and distributional space. The upper part of the dwelling, which gets most sun, functions as a terrace.

El patio central de la vivienda sirve, en una zona de doble altura, como pozo de luz y distribuidor de la casa. El área superior, más soleada, se reservó para funcionar como terraza.

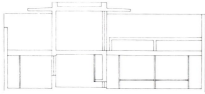

Section `1:250` **Sección**

Ando designed it so that the exterior and the interior parts of the house would occupy a similar sized surface area.

Ando procuró que la parte exterior y la zona interior de la vivienda ocupasen superficies de dimensiones parecidas.

A stairway provides independent and direct access to the patio from the first floor of the house.

Una escalera permite el acceso, independiente y directo, al patio desde el primer piso de la vivienda.

A huge zelkova tree protects the patio from bad weather, acting as a natural pergola in the event of rain or excessive sun.

Un árbol zelkova de gran tamaño protege al patio de la intemperie actuando de pérgola natural frente a la lluvia y el exceso de sol.

The concrete elements defining the patio were realized with tremendous exactitude. Apertures between the modules encourage the best possible diffusion of sunlight and also protect the exterior light fittings from bad weather.

Los trabajos de hormigón que definen el patio fueron realizados con milimétrico cuidado. Aberturas entre módulos permiten una mejor difusión de la luz al tiempo que protegen las lámparas exteriores de la intemperie.

Typology **Tipología**
Museum
Museo
Location **Localización**
Naoshima, Kagawa. Japan.
Annex area **Superficie anexo**
3.643 m²
Date **Fecha**
1995

Naoshima Museum
of Contemporary Art Annex

Naoshima is a small island in the Sea of Japan. On a narrow headland in the extreme south of the island Ando constructed a Museum which appears to contemplate the tranquil beach extending at its feet. Designed and orientated towards receiving visitors arriving by sea, the Museum is reached via a stepped plaza which in effect shelters the gallery's outbuildings and functions as an open-air amphitheater. Once the steps are climbed, and in the midst of the lush greenery of a national park, the stone walls of the Museum appear, the only visible evidence of an edifice which was mainly constructed underground in order not to disturb the relationship between the island and the sea. Inside, a volume some fifty meters long and eight wide houses the exhibition area. Other faciltes are organized around this space, such as offices, storerooms and a residential hotel. Around the Museum Ando laid out a footpath, punctuated by squares of open ground. The path traced by the architect was intended to affirm the natural presence of the surrounding vegetation, along the lines of contemporary 'earth works', and as if this were a sculpture garden.

In a second intervention the Museum was completed by an extension to the hotel, which added six bedrooms and a cafe to the original program. This annex was erected on the hill cradling the Museum, and to which one has access via cable car. Oval in floor plan and half-buried like the Museum building, the new edifice flanks a pool which has a waterfall at one end that cascades into the ocean. High on its hill, the annex building offers a panoramic view of the island and the horizon out to sea.

The inclusion of a Museum among Tadao Ando's other buildings - buildings which address the spirit, but through the senses - is intended to affirm the idea that space and its relation to the nature which contains or extends it, plus the materials which fashion it, are what lend spirituality to the Japanese architect's work. Extending beyond a program of worship or prayer and transcending doctrinal typologies, the Naoshima Museum of Contemporary Art hides itself away behind its walls of stone, its reticent image distancing it from many of the garish temples constructed to house the avant-garde work of recent times. As a space for contemporary art Ando's Museum invites reflection, and this due to its emptiness, its discretion towards the natural setting, its communion with the landscape and its avoidance of any theoretical dogma.

Ampliación del **Museo de Arte Contemporáneo de Naoshima**

Naoshima es una pequeña isla en el mar de Japón. Sobre un estrecho cabo en el extremo sur de la isla, Ando construyó un museo que parece contemplar la playa tranquila que baña sus pies. Diseñado y orientado para recibir a los visitantes que llegaban por mar, al museo se accede a través de una plaza escalonada que encubre, en realidad, dependencias anexas a la galería y funciona como un anfiteatro al aire libre. Ascendidos los peldaños, y en medio del frondoso paraje de un parque nacional, aparecen los muros de piedra del museo, la escasa parte visible del edificio, que se construyó bajo tierra fundamentalmente para no interrumpir la relación entre la isla y el mar. En el interior, un volumen de más de cincuenta metros de largo y ocho de ancho comprende el área de exposición. En torno a este espacio se organizan otras dependencias como oficinas, almacenes y una residencia-hotel. Rodeando el museo, Ando

dibujó un sendero interrumpido por plazas. El camino trazado por el arquitecto pretendía subrayar la fuerza de la vegetación circundante, a la manera de los *earth works* contemporáneos, como si de un jardín de esculturas se tratase. En una segunda intervención, el museo se completó con una ampliación del hotel que añadía seis habitaciones y un café al programa original. El anexo se levantó sobre la colina que rodea el museo y se llega hasta él a través de un teleférico. De planta oval y semienterrado como el edificio del museo, el nuevo inmueble rodea un estanque que, en uno de sus extremos, se deshace en una cascada sobre el océano. El edifico anexo ofrece, desde lo alto de la colina, una amplia panorámica de la isla y el horizonte marítimo.

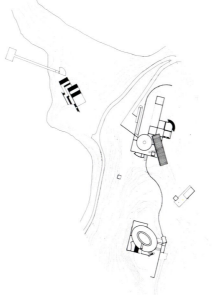

La inclusión de un museo entre los edificios de Tadao Ando dirigidos al espíritu a través de los sentidos quiere subrayar la idea de que son los espacios, y la relación de éstos con la naturaleza que los contiene o los extiende y los materiales que los conforman, lo que dota de espiritualidad a la obra del arquitecto japonés. Por encima de un programa de culto u oración, y más allá de las tipologías doctrinales, el Museo de Arte Contemporáneo de Naoshima se esconde entre muros de piedra, alejando su tímida imagen de muchos de los templos-reclamo construidos para acoger la obra de las vanguardias de reciente creación. Como espacio para el arte contemporáneo, el museo de Ando invita a la reflexión desde sus vacíos, desde su discreción frente al escenario natural, desde su comunión con el paisaje y desde su distanciamiento de cualquier dogma teórico.

The museum, erected on a narrow
headland on the island of
Naoshima, was designed by Ando
to receive visitors arriving by sea.

**El museo, levantado sobre un
estrecho cabo de la isla de
Naoshima, fue diseñado para
recibir a los visitantes que
llegaban por mar.**

General section & plan `1:1500` **Sección y planta generales**

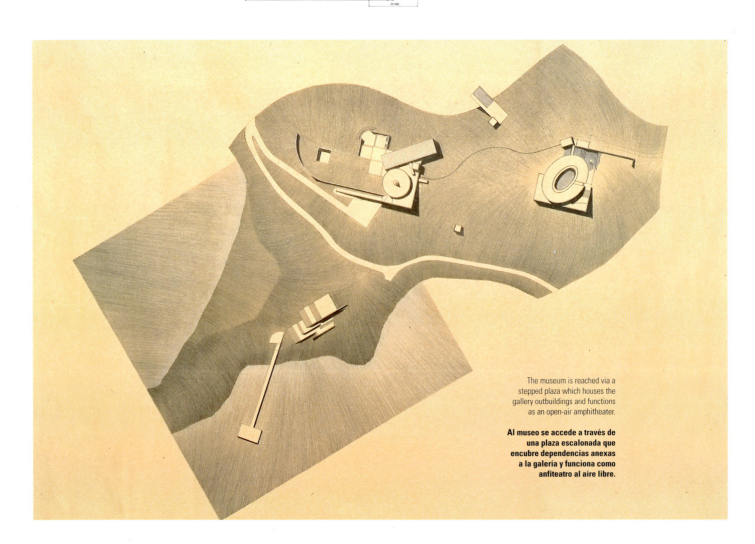

The museum is reached via a
stepped plaza which houses the
gallery outbuildings and functions
as an open-air amphitheater.

**Al museo se accede a través de
una plaza escalonada que
encubre dependencias anexas
a la galería y funciona como
anfiteatro al aire libre.**

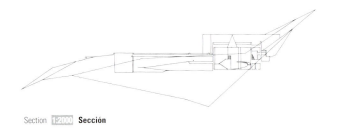

Section 1:2000 **Sección**

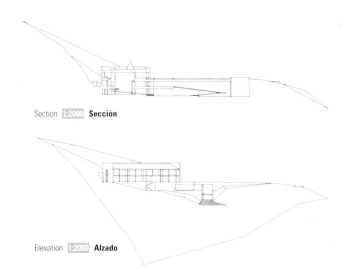

Section 1:2000 **Sección**

Elevation 1:2000 **Alzado**

Oval in shape and semi-buried like the Museum building, the new edifice flanks a pool with a waterfall at one end which cascades into the ocean.

De planta oval y semienterrado, como el edificio del museo, el nuevo edificio rodea un estanque que, en uno de sus extremos, se deshace en una cascada sobre el océano.

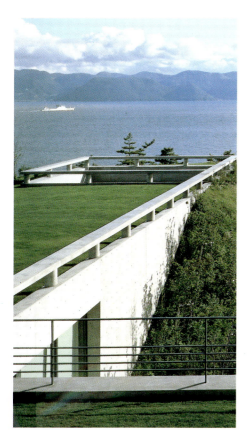

A stepped plaza, which houses the
Museum outbuildings, functions as
an open-air amphitheater.

**Una plaza escalonada, que
encubre dependencias del
museo, funciona como
anfiteatro al aire libre.**

In the lower image, a view from
inside the museum.

**En la imagen inferior, vista
desde el interior del museo.**

High on its hill, the annex offers a
panoramic view of the island and
the horizon out to sea.

**El edificio anexo ofrece, desde
lo alto de la colina, una amplia
panorámica de la isla y el
horizonte marítimo.**

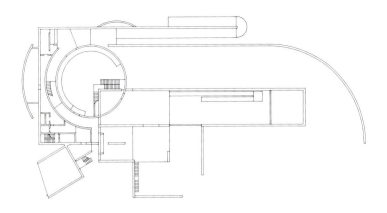

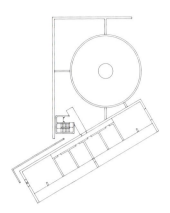

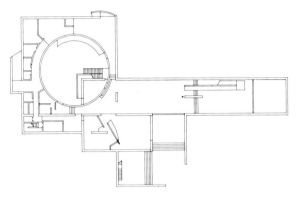

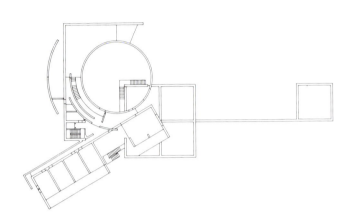

The light-wells around some of the facades and the double space of different outbuildings lend drama to the interior illumination of the museum.

Los pozos de luz que rodean algunas de las fachadas de los edificios, y el doble espacio de algunas dependencias, dramatizan la iluminación interior del museo.

Concrete, stone, glass, freshwater, sea water, lush vegetation, ocean and sky are consciously brought together around the museum.

Hormigón, piedra, cristal, agua dulce, agua salada, paisaje frondoso, mar y cielo se confunden intencionadamente en torno al museo.

The double facades of stone and concrete blend together, framing different views of the landscape.

Las dobles fachadas, de piedra y hormigón, se relacionan recortando algunas vistas al paisaje.

Concrete walls stand out in the landscape and protect the Museum from inclement weather.

Muros de hormigón recortan el paisaje para proteger al museo de las inclemencias del tiempo.

Tadao Ando. Architecture and spirit

After travelling halfway around the world to form himself as an architect, and ever since realizing his first project designs, Ando has basically worked in three typologies - houses, temples and museums - and in a single context: Japan. Furthermore, and with the possible exception of La Fabrica, the research center for Benetton he built in Italy, the remainder of the projects he has undertaken abroad - the Japanese gallery of the Art Institute of Chicago, the meditation space for Unesco in Paris and the nurseries for Vitra in Basel - also speak of Japan, albeit at a distance and in an abstract way. In Ando's overseas projects there is no direct recourse to the habitual proportions, the common modules or even of the strictly horizontal predilections which the Japanese tradition represented abroad. Neither do the customary materials or the scrupulous application of landscapist concepts typical of his country appear very much in evidence. In Ando's architecture the presence of Japan constitutes a sort of sixth sense. More abstract than concrete, Ando's Japaneseness is a spiritual quality radiated, to all intents and purposes, by his use of space. Ando's architecture creates a dialog between nature and building, employing that understanding to produce new landscapes, the landscapes of man. Man is the keystone in the buildings of this designer. Transcending pure geometries, volumes or contexts, the encounter of man with himself, proceeding from a sense of wellbeing within his environment, is what Tadao Ando investigates: it is this which justifies the purity of his volumes, the austerity of his finishes, the spirituality of his spaces. Spirit in the architecture of Ando is an earthbound soulfulness, a spatial climate which seeks man's communion, not with unattainable gods, but with his own consciousness, time and reality.

Humanity

"The goal of my architecture," he affirms, "is to endow space with meaning by using the natural elements and varied aspects of everyday life. The forms I've designed have acquired meaning from their relationship to the elements of nature: light and air, indications of the passing of time and the changes of season." Ando considers that, frequently hidebound by economic, technological and legal strictures, architecture is built in an overly conservative way, and argues that it has abandoned the kind of space capable of inspiring the spirit. For that reason he insists on personally attempting "to inject his architecture with the strength to generate emotions, the emotions man is capable of feeling within himself." The architect thus speaks of the ambi-

guity, the suggestiveness, the development of architecture for managing to create spaces in which man, feeling and memory come into play. He calls on spaces and volumes that separate and connect up at the same time, on elements that create anticipation through suggestion, like a window covered in a panel of shoji. Faced with the Western house-as-castle, he speaks of Oriental society's communion with nature and argues that architecture must form a continuum with said nature: "the wall in the Japanese domestic tradition does not exist in real terms," he observes, adding at the same time that the proportions are always relative to, and dependent on, the way the human body moves. Ando considers that space must posses sufficient power to trigger emotion and he is therefore of the opinion that forms in architecture are superficial: "they must transcend their concrete nature in order to make themselves invisible when forming a new landscape," he claims. "I believe architecture should have a twin function: it must constitute a serviceable and inhabitable space and it must also define a symbolic place. I want to imbue architecture with that potential by recourse to simple geometric forms and by using very few materials: concrete, wood and stone for contriving the kinds of space that interest me. In such places the relationships between the people who live in them will possess, of necessity, a kind of sincerity. In an unadorned space there is only room for sincere people. Spaces in which light and air are more important than the way the buildings are finished allow for the development of other, more profound types of relationship between the people themselves, plus a greater awareness on the part of each individual. In reality, the buildings I make have spiritual qualities because they are primitive spaces in which the individual can develop, far from the standardization and homogenization which surrounds people in our post-industrial society. As well as providing for a deeper kind of relationship between the people who inhabit my spaces, I would like that there were new, unwonted relationships –which are thus difficult to describe– between the people who pass through my buildings. That's my ambition: I hope that, lacking in distractions, space might succeed in optimizing people's humanity."

Emotion

For Tadao Ando to stimulate the act of thinking leads to a state of permanent awareness and for that reason he defends complementary contradictions when designing: "the combination of Western rationality and Eastern lack of logic, the mixture of abstract and concrete, the autonomy of construction founded on a sympathy for the location." He considers that architecture must comprehend both abstraction and figuration, with the two opposed concepts synthesized into a rich and harmonious unity. Ando believes that in his paintings 'Homage to the Square' Josef Albers accepted and affirmed the ambiguity of perception, limiting himself to the static formula of the square and relying solely on translucent colors. Taking up that idea of playing with the norms in order to create "ordered disorder", Ando points out that, objectively, a line drawn by an architect can define a space and as such is directly involved with people's body and spirit.

"I believe that architecture has a duty to offer people places in which they can become aware of their own bodies, of their own emotions in the presence of nature. My objective is to create spaces in which man feels as comfortable and free as in nature itself." From this perspective, Ando considers that there are certain specific elements of nature like water, wind, light and open space, conjoined in the purest, most rigorous geometries (in his case squares and circles), which grant life to architecture. The architect contends that the essence of architecture lies in "that combination of pure geometries and natural elements, so that man may feel at ease within an essential form", adding that such an essential form can only be arrived at by deciphering, becoming cognizant of, the essence of a place: what persists there of time, climate, traditions, past events, topography, of ancient buildings and vegetation.

Geometry

Tadao Ando frequently uses the same geometric repertoire to give shape to his buildings: "while I'm designing I elect to work with circles and squares as a basic geometry for instigating the process of change. These forms, completely abstract when approximating to the site's natural surroundings, take on the sign of humanity. If a building doesn't approximate to the site it won't possess that sign," he comments, but claims that it is "the logic of the forms which has greater force as a geometrical power." For this reason he likes to convert natural elements - water, wind, light, sound - into abstract shapes. "I work on the essence and try and condense it into an abstraction," he says, adding that "the buildings are read relative to the way their forms understand a series of invisible factors such as the past and future temporality of a place. A lack of attention to such factors enormously weakens any project and condemns it to a short life span." Ando maintains that function is what sets architecture apart from the other arts, and that for him the act of thinking is a physical process which he expresses through

> "Spaces in which **light** and **air** are more important than finishes encourage the development of **profounder relationships between people.**"

drawings based on first drafts and sketches. "I'd never sacrifice freedom of thought, projectural freedom, in order to comply with the rigid stylistic norms imposed by a style, a geometry or a particular cultural tradition," he declares, observing that only a unique and individual architecture can aspire to the universal. Due, perhaps, to that need to individualize in order to universalize, Ando affirms that he never employs modules or modular systems "because I don't arrive at the emotions I want when using them. Nevertheless, it can't be said that my work is based on proportions from the Japanese tradition, despite the fact that I've studied that way of working closely in order to subsequently do things abstractly. Concepts and ideas interest me more than proportions per se. The forms I choose depend on the materials, and the materials, naturally, on the forms. Without technical information an architect can't be very creative because he depends too much on others, and in order to express an image it's not enough to dream up the image, you have to know how to build it." As to the rigid geometry typical of early modernity, he affirms that "the problem with ultra-radical modernity is that it celebrates the products of industrial society. It applauded the achievements of man while forgetting, paradoxically, who it was who'd achieved these, man himself. The spirituality of architecture resides in the humanity of the buildings, the capacity of any edifice to respond to, harbor and nurture the human being."

> "My **goal** is to create spaces in which man feels as **comfortable and free** as in his **own nature.**"

Concrete

"I chose concrete as the basic material for almost all my projects, though not just for economic reasons: my main desire was to try and arrive at a spatial purity. The mental response and the spiritual quality of a place must generate the architecture itself," argues Ando. Furthermore, and so as to emphasize the importance of the architect's on-site presence during the building process, he asserts that "details are visible signs of your architectural ideas while you're negotiating the gap between the whole and the parts. The majority of details emerge during the building process."

The planner justifies his predilection for concrete by arguing that "as architects we have mental images to work with, yet without an exhaustive technical knowledge those ideas cannot be built. In my architecture concrete is fundamental for attaining the uniform quality I want for my designs." Despite this, he argues that the extreme professionalism of Japanese builders is a double-edged sword: "Although it may seem paradoxical, the most professional builders are those who ask for absolutely precise and detailed drawings, because otherwise they take their own decisions, complying with a building tradition which often you don't want to reproduce."

Working with extremely simple forms - the circle and the subdivisions of the square - Ando has managed to understand the equilibrium that must exist between a given form and the materials from which it is built. For this reason he opts, in his projects, for the presence of three basic elements: "genuine materials (concrete, unpainted wood), pure geometrical shapes, and a domesticated nature in the form of light, water and air".

Nature

"The life of a human being does not consist in opposing himself to nature or in protecting himself against it, or even in trying to subjugate it. Man's goal is to unite himself with nature. Contrary to what happens in the West, in Japan culture tends to dismantle the physical barriers between house and land, between interior and exterior," says Ando. He argues that the Second World War radically transformed the relationship in his country between architecture and nature: "Japan exchanged an agrarian culture that was extremely close to the land for an urban way of life imported from the West. Notwithstanding that, the inhabitants of new urban spaces feel nostalgia for the land, for proximity to nature." From the perspective of a separation from the natural environment Ando warns that "when architectural ideas are based solely on logic, what follows is order, controlled buildings which ignore the human presence. A sense of humanity can't be felt in such spaces. The presence of nature - water, wind, light, open sky - is what humanizes space. That's the reason I try to design projects in which water, wind and light exist in harmony with the stones." He concludes that "when architecture is conceived from such coordinates I think it could be said that a person ceases to make a work and instead constructs a landscape. Something like that occurs with the Water Temple or with the Naoshima Museum of Contemporary Art. I think that in those places the architecture helps one contemplate the landscape from another angle. If an architect attempts to understand the landscape and the forces intervening in it, the result of the design is a building which creates a dialog with the immediate surroundings. When that happens, a person knows he's designed a building which couldn't have gone up in any other place."

Light

All through his career Ando has looked to light, not just as a physical presence but for its transcendental implications as well. He considers that light is the source of all being. Confronted with the surface of things, he contours them with shadows and highlights, lends them depth. Things are articulated in relation to their obscure and illuminated edges and attain their individual quality because of such relationships. Light guarantees their autonomy at the same time as it informs the nature of the rapport. Founded on continuous associations light reinvents the world. "The creation of space in architecture is simply the condensation and purification of the power of light."

The architect recalls that from antiquity on light has served man for measuring time, the time of the seasons and of the day itself. He points out that it was natural light penetrating inside a building which provided knowledge of the context while permitting recognition of the interior space. Artificial light lacks the strength of natural light, for that reason it renders the context less present and tends to homo-

genize interior space. "The role of light is fundamental when creating forms in architecture," he affirms, before returning to the question of complementary contradictions: "The Church of Light is,

> "The exaggerated light of the Modern Movement has resulted in the **death of space**, the selfsame death absolute darkness would bring about."

paradoxically, a dark building. Light couldn't function without darkness. Once again, it's the combination of mutually exclusive terms which provides the real interplay through which architecture acquires movement."

Ando points out that "Western architecture used to use thick walls to separate the inside of a building from the outside, to repel the external world, it would seem. Countermanding that legacy, modern architecture has turned to the idea of illumination and has produced a transparent world in which the lighting, the illumination, is homogeneous and so bright that instead of illuminating it dazzles. The exaggerated light of the Modern Movement has resulted in the death of space, the selfsame death absolute darkness would bring about," he argues.

Order

"Repose for the mind and a spiritual quality dictate the nature of the house. Domestic space must encourage relaxation. Mental peace is as important as physical rest, and that's why form and space must provide physical comfort and mental peace," he has said. In that respect he clarifies what might seem another contradiction or a further level of complexity in his ideas: "I believe that austerity, like comfort, forms part of life. In many of my houses both possibilities exists side by side. I think that electrical appliances which have a superficial function offer a chaotic and mediatized vision of life: they resolve nothing, it's more expensive to use them than to perform those functions directly, they disorganize space and cut the individual off from real life. The same thing occurs with certain architectural elements which, instead of helping or lending

order, are destabilizing. Order is necessary to lend dignity to life. Order imposes restrictions, but also permits the growth of great projects."

"I think architecture has the obligation, at one and the same time, to bring representational pretensions and abstract qualities together." It might appear paradoxical that ambiguity interests Ando as an architectonic concept, but he is quick to clarify this: "Representation is a feeble concept. What is it that architecture represents? Physical qualities or spiritual ones? I try to site, in the midst of nature, buildings which have a labyrinth inside, that is their order, their own nature, something akin to a nature created by man. Labyrinths obtained by using the simplest shapes interest me. Just as I prefer the ambiguous to the forceful for being richer in nuance and longer-lasting in time."

Travels

In speaking of mentors and influences, of memories of his formative years of travelling and of references in his own works, Ando distinguishes carefully between the men and the works: "The Le Corbusier of Ronchamp interests me. In distinction to what happens in some earlier works, which in being controlled by reason merely express rationality, in Ronchamp the architect appears to have worked directly from intuition, as if the chapel might in reality be a painting. I think the fruits of mature modernity ripened after the war, because during the Second World War architects had time to think, seeing that they couldn't work, and in that interim modernity was able to mature and somehow diversify into other schemes," he observes. "Creation is nothing other than an intellectual voyage. In reality, it's an agonizing process. When you have an idea you start feeling anxious, and the sensation of pleasure that seeing the idea built sometimes gives you is a mere illusion. In creation happiness is merely liberation from the anxiety that was oppressing you."

Anatxu Zabalbeascoa

Tadao Ando. Arquitectura y espíritu

Tras recorrer medio mundo para autoformarse como arquitecto, y desde que realizara sus primeros proyectos, Ando ha trabajado fundamentalmente tres tipologías: viviendas, templos y museos, y un contexto: Japón. Además, y con la posible excepción de La Fabrica, el centro de investigación para Benetton que construye en Italia, el resto de los proyectos que ha realizado en el extranjero: la galería japonesa del Art Institute de Chicago, el pabellón de meditación para la Unesco en París y el edificio de seminarios para Vitra en Basilea, habla, desde la distancia y la abstracción, también de Japón. No se da, en los proyectos extranjeros de Ando, una utilización directa de las proporciones habituales, de los módulos comunes, ni tan siquiera de la estricta predilección horizontal que sí representó a la tradición nipona en el exterior. No aparecen tampoco eternizados los materiales acostumbrados o una escrupulosa aplicación de los conceptos paisajistas de su país. La presencia de Japón en la arquitectura de Ando constituye prácticamente un sexto sentido. Más abstracto que material, lo japonés de Ando es una cualidad espiritual que parece respirarse en sus espacios. La arquitectura de Ando hace dialogar la naturaleza con la construcción para, desde ese entendimiento, tratar de producir nuevos paisajes, los paisajes del hombre. El hombre es la pieza clave en los edificios del proyectista. Por encima de geometrías puras, volúmenes o contextos, el encuentro de ese hombre consigo mismo a partir de su bienestar en el medio es lo que investiga Tadao Ando, lo que justifica la pureza de sus volúmenes, la austeridad de sus acabados, la espiritualidad de sus espacios. El espíritu en la arquitectura de Ando es un alma terrestre, el clima espacial que busca la relación del hombre no con dioses inalcanzables sino con su propia conciencia, tiempo y realidad.

La humanidad

"El objetivo de mi arquitectura es dotar de significado a los espacios a través de los elementos naturales y de los diversos aspectos de la vida cotidiana. Las formas que he diseñado han adquirido significado a partir de su relación con los elementos de la naturaleza: la luz y el aire, los indicadores del paso del tiempo y el cambio de estaciones", asegura. Ando considera que, con frecuencia, y distraída por criterios económicos, tecnológicos y legales, la arquitectura se construye de manera demasiado conservadora y afirma que se ha abandonado el espacio capaz de inspirar al espíritu. Por eso insiste en que él personalmente trata

"de inyectar a su arquitectura el poder de generar emociones, las emociones que el hombre sea capaz de sentir dentro de sí". Así, el arquitecto habla de la ambigüedad, de la sugerencia, de la evolución de la arquitectura para conseguir crear lugares en los que entran en escena el hombre, el sentimiento y la memoria. Habla de espacios y volúmenes que separan y conectan a la vez, de elementos que anticipan sugiriendo, como las ventanas recubiertas de paneles de shoji. Frente a la casa-castillo occidental, habla de la comunión con la naturaleza de la sociedad oriental y asegura que la arquitectura debe formar un continuo con esa naturaleza: "el muro en la tradición doméstica japonesa, en realidad, no existe", comenta, al tiempo que apostilla que las proporciones son siempre relativas y dependientes a la manera de moverse del cuerpo humano.

Ando considera que el espacio debe tener poder suficiente para provocar emociones y, por lo tanto, opina que en arquitectura las formas son superficiales: "deben trascender su naturaleza concreta para hacerse invisibles al formar un nuevo paisaje", asegura. "Creo que la arquitectura debe cumplir una doble función: debe constituir un espacio útil y habitable y, a su vez, conformar un lugar simbólico. Quiero inculcar a la arquitectura esa carga a través de las formas geométricas sencillas y valiéndome de muy escasos materiales: hormigón, madera y piedra para conseguir el tipo de espacios que me interesan. En esos lugares, las relaciones entre las personas que los habitan tendrán, necesariamente, una naturaleza sincera. En un espacio desnudo sólo caben personas sinceras. Espacios en los que la luz y el aire son más importantes que los acabados permiten el desarrollo de otro tipo de relaciones más profundas entre las personas, y un conocimiento mayor por parte de cada individuo. En realidad, los edificios que hago tienen cualidades espirituales porque son espacios primitivos en los que el individuo puede desarrrollarse independientemente de la estandarización y la homogeneización que rodea a la gente en la sociedad postindustrial. Además de lograr una mayor profundidad entre las relaciones de las personas

que habitan mis espacios, quisiera que se dieran nuevas relaciones inesperadas, y por eso difíciles de describir, entre las personas que se mueven en mis edificios. Tengo esa ambición deseo que, sin distracciones, el espacio pueda llegar a potenciar la humanidad de las personas".

La emoción

Para Tadao Ando estimular el pensamiento conduce a un estado de vigilia permanente y por eso, a la hora de diseñar, defiende contradicciones complementarias: "la combinación de la racionalidad occidental y la carencia de lógica oriental, la mezcla de lo abstracto y lo concreto, la autonomía de la construcción, desde la simpatía por el lugar". Considera que la arquitectura debe comprender a la vez abstracción y figuración, la suma de ambos conceptos opuestos sintetizados en una unidad armónica y rica. Ando cree que Josef Albers en su pintura *Homenaje al cuadrado* aceptaba y subrayaba la ambigüedad de la percepción ciñéndose a la fórmula estática del cuadrado pero utilizando, únicamente, colores traslúcidos. Con esa idea de jugar con las normas para "desórdenes ordenados" Ando apunta que una línea dibujada por un arquitecto puede, objetivamente, definir un espacio y, por lo tanto, está directamente implicada con el cuerpo y el espíritu de las personas. "Creo que la arquitectura tiene el deber

de ofrecer a la gente lugares en los que se puedan encontrar con su propio cuerpo, con sus emociones, en presencia de la naturaleza. Mi objetivo es crear espacios en los que el hombre se sienta cómodo y libre como en la propia naturaleza". Desde ese punto de vista, Ando considera que son precisamente algunos elementos de la naturaleza como el agua, el viento, la luz y el espacio abierto bajo el cielo, junto con las geometrías más puras y rigurosas (en su caso los cuadrados y los círculos), los que despiertan la arquitectura a la vida. Asegura el arquitecto que la esencia de la arquitectura está en "esa combinación entre geometrías puras y elementos naturales para que el hombre pueda sentirse bien dentro de una forma esencial" y matiza que esa forma esencial sólo puede lograrse descifrando, llegando a conocer la esencia de un lugar: lo que queda de los tiempos, de un clima, de las tradiciones, de los hechos del pasado, de la topografía, de antiguas construcciones y de la vegetación.

La geometría

Tadao Ando emplea con frecuencia el mismo repertorio geométrico para dar forma a sus edificios: "elijo trabajar con círculos y cuadrados como geometrías simples para realizar un proceso de transformación mientras diseño. Las formas, completamente abstractas al acercarse a la naturaleza del lugar, se adueñan de la huella de la humanidad. Si un edificio no se acerca al lugar no podrá llegar a hacerse con

> "Espacios en los que la **luz** y el **aire** son más importantes que los acabados permiten el desarrollo de **relaciones más profundas entre las personas.**"

esa huella", comenta, pero asegura que es "la lógica la que más fuerza tiene como poder geométrico" y así, le gusta convertir en formas abstractas los elementos de la naturaleza: el agua, el viento, la luz, los sonidos. "Trabajo la esencia para tratar de condensarla en una abstracción", comenta añadiendo que: "los edificios se leen a partir de la manera en que sus formas entienden una serie de factores invisibles como son el tiempo pasado y futuro de los lugares. La ausencia de atención a esos factores debilita enormemente los proyectos y los condena a vidas breves".

Ando sostiene que la función separa la arquitectura del resto de las artes y que para él, pensar es un proceso físico que interpreta a partir de los dibujos de bocetos y croquis. "Jamás sacrificaría la libertad del pensamiento, la libertad proyectual para cumplir determinadas normas estilísticas impuestas por un estilo, una geometría o una tradición cultural o propia", declara, y comenta que sólo la arquitectura singular, individual consigue ser universal. Tal vez por esa necesidad de singularizar para universalizar, Ando afirma que no emplea nunca módulos ni sistemas modulares "porque no consigo las emociones que deseo empleándolos, no se puede decir, por lo tanto, que mi trabajo se base en proporciones de la tradición japonesa, a pesar de que he estudiado a fondo esa manera de trabajar para luego hacer abstracción. Me interesan más los conceptos, las ideas, que las proporciones directas. Las formas que elijo dependen de los materiales y los materiales, naturalemente, de las formas. Sin información técnica un arquitecto no puede ser muy creativo porque depende demasiado de los demás, y para expresar una imagen, no basta con soñar la imagen, hay que saber construirla". Respecto a la rigidez geométrica de la primera modernidad, afirma que "el problema de la modernidad más radical es que celebraba los frutos de la sociedad industrial. Festejaba los logros del

hombre olvidando, paradójicamente, al hombre que los había conseguido. La espiritualidad de la arquitectura es la humanidad de los edificios. La capacidad de los inmuebles para responder, acoger y nutrir al ser humano.

"Mi **objetivo** es crear espacios en los que el hombre se sienta **cómodo** y **libre** como en la **propia naturaleza.**"

El hormigón

"Elegí el hormigón como el material fundamental para casi todos mis proyectos no por razones puramente económicas, mi principal deseo era tratar de conseguir pureza espacial. La respuesta mental y la calidad espiritual de un lugar las debe generar la propia arquitectura", opina Ando. Además, y para enfatizar la importancia de la presencia del arquitecto en la obra durante el proceso constructivo, asegura que "Los detalles son huellas de las ideas arquitectónicas cuando éstas atraviesan la distancia entre el todo y las partes. La mayoría de los detalles afloran durante el proceso constructivo". El proyectista justifica su predilección por el hormigón argumentando que "Los arquitectos tenemos imágenes mentales con las que trabajamos, pero sin un exhaustivo conocimiento técnico esas ideas no se pueden construir. En mi arquitectura, el hormigón es fundamental para conseguir la calidad uniforme que quiero en mis proyectos". A pesar de eso, asegura que la alta profesionalidad de los constructores japoneses es un arma de doble filo: "Aunque parezca paradójico, los constructores más profesionales son los que exigen los dibujos más acabados y detallados porque, de lo contrario, ellos toman sus propias decisiones, atendiendo a la tradición constructiva que, muchas veces, no deseas reproducir".

Trabajando con formas muy sencillas: el círcu-

lo y las subdivisiones del cuadrado, Ando ha aprendido a entender el equilibrio que debe existir entre determinadas formas y los materiales en que se construyen y por eso, en sus proyectos, defiende la necesaria presencia de tres elementos fundamentales: "los materiales auténticos (hormigón, madera sin pintar...), las formas geométricas puras y la naturaleza domesticada en forma de luz, agua o aire."

La naturaleza

"La vida del ser humano no consiste en oponerse a la naturaleza ni en protegerse de ésta ni siquiera en tratar de vencerla. El objetivo de los hombres es unirse a la naturaleza. Al contrario de lo que sucede en occidente, en Japón la cultura tiende a deshacer las barreras físicas entre las viviendas y la tierra, entre el interior y el exterior", dice Ando, y asegura que la II Guerra Mundial transformó radicalmente, en su país, la relación entre arquitectura y naturaleza: "Japón cambió una cultura agraria muy cercana a la tierra por una manera de vivir urbana importada de occidente. A pesar de todo, en los nuevos espacios urbanos los habitantes sienten nostalgia de la tierra, de la cercanía de la naturaleza".

Desde esa perspectiva de separación del medio natural Ando advierte que "cuando las ideas arquitectónicas se basan únicamente en la lógica, lo que se obtiene es orden, construcciones controladas, autónomas respecto al ser humano. En esos espacios no se siente la humanidad. La presencia de la naturaleza: el agua, el viento, la luz, el cielo es lo que humaniza los espacios. Por ese motivo yo trato de diseñar proyectos en los que el agua, el viento, la luz convivan con las piedras" y concluye que: "Cuando la arquitectura se piensa desde esas coordenadas creo que se podría decir que uno deja de realizar obras y pasa a construir un paisaje. Algo así ocurre con el Templo del Agua o con el Museo de Arte Contemporáneo de

Naoshima. Creo que en esos lugares, la arquitectura ayuda a contemplar la naturaleza desde un nuevo punto de vista". "Si un arquitecto trata de entender el paisaje y los agentes que intervienen en él, el resultado del diseño es un edificio que dialoga con el contexto estimulándolo. Cuando eso ocurre, uno sabe que ha diseñado un edificio que no se podría haber levantado en ningún otro lugar".

La luz

Durante toda su carrera, Ando ha buscado la luz, no sólo su presencia física, también sus implicaciones trascendentales. Considera que la luz es el origen del ser. Enfrentada a la superficie de las cosas las perfila con sombras y brillos, les da profundidad. Las cosas se articulan a partir de sus bordes oscuros e iluminados, y mediante esas relaciones obtienen su cualidad individual. La luz garantiza la autonomía a la vez que marca la naturaleza de las relaciones. A partir de continuas asociaciones, la luz reinventa el mundo. "La creación de espacio en arquitectura es simplemente la condensación y purificación del poder de la luz".

El arquitecto recuerda que, desde la antigüedad, la luz le ha servido al hombre para medir el tiempo, el de las estaciones, el del propio día. Señala que era la luz de la naturaleza penetrando el interior de un edificio la que proporcionaba conocimiento de un contexto, al tiempo que permitía el reconocimiento del espacio interior. La luz artificial carece de la fuerza de la natural, por eso anula el contexto al tiempo que homogeneiza los espacios interiores. El papel de la luz en la arquitectura es fundamental a la hora de crear formas", afirma a la vez que vuelve a recurrir a las contradicciones complementarias: "La iglesia de la Luz es, paradójicamente, una construcción oscura. Una brecha en la fachada aísla la iluminación que penetra en el interior. La luz no podría funcionar sin la oscuridad, de nuevo es la combinación de tér-

"La **luz** exagerada del **Movimiento Moderno** ha resultado en la **muerte del espacio**, la misma muerte que podría causar la **oscuridad** absoluta."

minos excluyentes la que proporciona el juego real en el que se mueve la arquitectura".

Comenta Ando que "la arquitectura occidental utilizó antaño muros densos para separar el interior y el exterior de los edificios, parecía rechazar el mundo exterior. Contrarrestando esa herencia, la arquitectura moderna le ha dado la vuelta a la iluminación y ha producido un mundo tan transparente que la luz, la iluminación, resulta homogénea y tan brillante que en lugar de iluminar deslumbra. La luz exagerada del movimiento moderno ha resultado en la muerte del espacio, la misma muerte que podría causar la oscuridad absoluta", sentencia.

El orden

"El reposo mental y la calidad espiritual dicta la naturaleza de la casa. El espacio doméstico debe generar descanso y la paz mental es tan importante como el reposo físico, por eso las formas y los espacios deben proporcionar comodidad física y paz mental", ha dicho, y en ese sentido aclara lo que podría parecer otra contradicción o una capa más de complejidad en su ideario: "Creo que lo estricto, como lo cómodo, forma parte de la vida. En muchas de mis viviendas conviven ambas posibilidades. Creo que los aparatos eléctricos que cumplen funciones superficiales ofrecen una visión caótica y mediatizada de la vida: no resuelven nada, es más costoso emplearlos que resolver las funciones directamente, desorganizan el espacio y separan al individuo de una vida real, lo mismo ocurre con algunos elementos arquitectónicos que en lugar de ayudar u ordenar, desestabilizan. El orden es necesario para dar dignidad a la vida . El orden impone restricciones pero permite el cultivo de grandes proyectos". "Creo que la arquitectura tiene la obligación de sumar en un mismo intento pretensiones representativas y cualidades abs-

tractas". Podría parecer paradójico que a Ando le interese la ambigüedad como concepto arquitectónico, pero él se apresura a aclararlo: "La representación es un concepto pobre. ¿Qué es lo que representa la arquitectura? ¿Son sus cualidades físicas o las espirituales? Trato de encontrar, en medio de la naturaleza edificios que contengan un laberinto interior, ese es su orden, su propia naturaleza, algo parecido a una naturaleza creada por el hombre. Me interesan los laberintos que se obtienen con las formas más sencillas. De la misma manera que prefiero lo ambiguo sobre lo contundente por ser más rico en matices y más largo en el tiempo.

El viaje

Al hablar de maestros e influencias, de recuerdos de sus viajes de formación y de referentes en sus trabajos, Ando matiza distinguiendo a los hombres de sus obras: "Me interesa el Le Corbusier de Ronchamp, donde, al contrario de lo que ocurre con algunos trabajos anteriores, que al estar controlados por la razón sólo expresan racionalidad, en Ronchamp el arquitecto parece haber creado directamente desde la intuición, como si la capilla fuese en realidad una pintura. Creo que los frutos de la modernidad madura llegaron tras la guerra porque durante la II Guerra Mundial los arquitectos tuvieron tiempo de pensar ya que no podían trabajar, y precisamente por esa espera la modernidad pudo madurar para, de alguna manera, desaparecer en otras propuestas", comenta. "La creación no es más que un viaje intelectual y, en realidad, un proceso angustioso. Cuando tienes una idea comienzas a sentir angustia y la sensación de placer que a veces consigues al ver construida esa idea no es más que un espejismo. En la creación, la alegría es sólo la liberación de la angustia que te oprimía".

Anatxu Zabalbeascoa